Dieses Buch gehört:

Christina Braun
Pferde und Ponys

TESSLOFF

Hallo!

Ich bin Ferdi, das Fohlen.
Sicher hast du schon einiges
über meine Verwandten
und mich gehört.
Pferde und Ponys gibt es überall
auf der Welt.
Wir traben durch weite Steppen,
transportieren Lasten
oder bringen Reiter schnell voran.
Komm mit – ich stelle dir
meine Verwandten vor!

Inhalt

Pferde, Ponys und Co	4
Ferdis Lesequiz	19
Die Welt der Pferderassen	20
Ferdis Lesequiz	35
Das brauchen Pferde	36
Ferdis Lesequiz	47
Pferde als Gefährten	48
Sag mal, Ferdi …	58
Ferdis großes Lesequiz	60

Pferde, Ponys
und Co

Das Urpferd

Schon lange bevor es auf der Welt
die ersten Menschen gab,
lebte das Urpferd.
Vor etwa 50 Millionen Jahren
stapfte das kleine Eohippus durchs Gebüsch.
Es lebte in feuchten Waldgebieten
und ernährte sich von Blättern und Zweigen.

Das Urpferd war jedoch eher ein Pferdchen.
Es hatte die Größe eines Fuchses
und besaß noch Zehen an den Füßen.
Im Laufe von Millionen von Jahren
wurden die Pferde größer,
lebten in den Steppen
und entwickelten ihre Hufe.

So hat das Eohippus wahrscheinlich ausgesehen.

> Die gemalten Wildpferde sind schon über 20 000 Jahre alt.

Das Wildpferd wird gezähmt

In der Steinzeit wurden Pferde
als Jagdbeute angesehen.
Erst viele Tausend Jahre später
wurde das Pferd gezähmt und der Mensch
ritt auf ihm durch die Steppe.

Bald begann der Mensch damit,
Pferde für seinen Nutzen zu züchten.
Reitpferde müssen eine drahtige Statur haben.
Pferde, die in der Landwirtschaft arbeiten,
benötigen viel Kraft und Ausdauer.
Sie müssen schwere Geräte
und Kutschen ziehen.

> Wir Pferde sind stark – und schnell!

Hast du gewusst ...

... dass Pferde auch etwas mit Autos zu tun haben?
Die Leistung eines Motors bezeichnet man als PS.
Das ist die Abkürzung von **P**ferde**s**tärken.

Der Körperbau des Pferdes

Der Körper des Pferdes wird unterteilt in Vorhand, Mittelhand und Hinterhand.
Zur Vorhand zählen Kopf, Hals, Schultern und die Vorderbeine.
Rücken, Brustkorb und Bauch gehören zur Mittelhand.
Die Hinterhand besteht aus dem Schweif und den Hinterbeinen.

Haut
Die Haut des Pferdes nimmt sehr viel wahr. Du kannst sie mit der Haut deiner Fingerspitzen vergleichen.

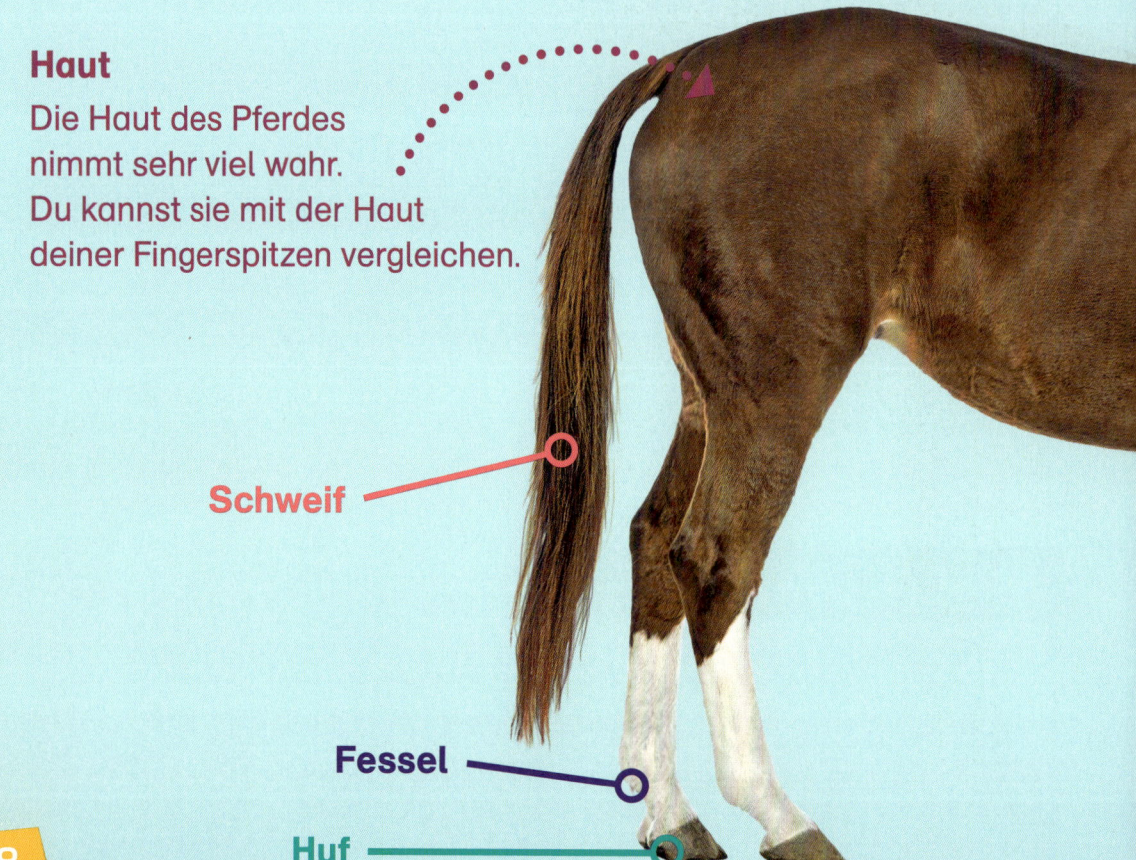

Schweif

Fessel

Huf

Widerrist
Von diesem Punkt aus misst man die Größe eines Tieres. Liegt die Widerristhöhe, auch Stockmaß genannt, unter 1,48 Meter, spricht man von einem Pony.

Mähne

Ohr
Die Ohren sind sehr beweglich. Das Pferd kann seine Ohrmuscheln von vorne bis ganz nach hinten drehen.

Auge
Die Augen des Pferdes funktionieren unabhängig voneinander.
So kann das Tier um sich herum fast alles wahrnehmen.

Nüstern
Die Nase der Pferde wird auch Nüstern genannt.

Maul und Tasthaare
Mit den feinen Haaren am Maul können die Tiere sehr gut tasten. Auch die Zunge ist sehr empfindlich.

Gemeinsam fliehen die Pferde vor einer Gefahr.

Pferde haben feine Sinne

Das Pferd ist ein Fluchttier.
Es ist jederzeit bereit,
vor einer Gefahr zu fliehen.
Es beobachtet seine Umgebung sehr genau.
Mit seinen feinen Sinnen kann ein Pferd
Geräusche und Gerüche wahrnehmen.

Untereinander verständigen sich Pferde
durch ihre Körpersprache.
Auch durch Laute kann das Pferd
seine Gefühle und Wünsche ausdrücken.
Durch Schnauben, Wiehern oder Prusten warnt
ein Pferd die Herde vor Gefahren
oder zeigt, dass es sich wohlfühlt.

Die Rangordnung

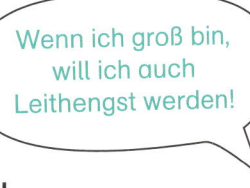
Wenn ich groß bin, will ich auch Leithengst werden!

In einer Herde
sind nicht alle Tiere gleichgestellt.
Bei den Pferden gibt es eine Rangordnung,
wie auch bei den Wölfen.
Der stärkste Hengst darf zum Beispiel
zuerst vom Wasser trinken.
Die anderen Pferde müssen
vom Trog zurückweichen oder warten.

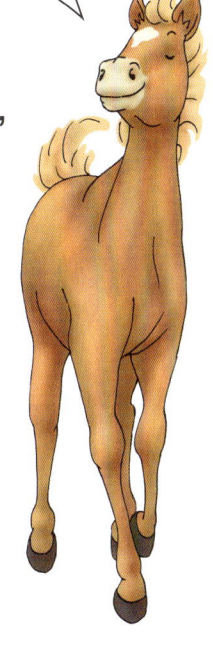

Die beiden stärksten Tiere in einer Herde
sind Leithengst und Leitstute.
Die Leitstute führt die Herde bei Gefahr an.
Der Leithengst bildet den Schluss
und verteidigt die Pferde vor Angreifern.

Bei einem Kampf unter Pferden wird kaum ein Tier ernsthaft verletzt.

Die Sprache der Pferde

Um ein Pferd verstehen zu können,
muss man es genau beobachten.
Es zeigt durch seine Laute und sein Verhalten,
ob es zufrieden, ängstlich oder wütend ist.

Genau hingeschaut

Pferde, die sich mögen,
kraulen sich gegenseitig das Fell.
Gespitzte Ohren zeigen dir,
dass das Pferd aufmerksam ist.
Wälzt es sich entspannt auf dem Boden,
fühlt es sich wohl.

Aufgepasst!

Pferde greifen nicht einfach an.
Sie drohen ihrem Gegenüber
zunächst mit kleinen Gesten.
Sind die Ohren ganz nach hinten geklappt,
kann das eine Drohgebärde sein.
Hat ein Pferd Angst, weicht es schnaubend
und mit weit aufgerissenen Augen zurück.
Um sich zu verteidigen,
schlägt das Pferd mit den Hinterbeinen aus.

Leg mal einen Gang zu!

Jedes Pferd kann unterschiedlich schnell laufen.
Die drei Grundgangarten heißen
Schritt, Trab und Galopp.

Beim **Schritt** werden die Beine
nacheinander gesetzt.
Das ist die langsamste Gangart.
Der **Trab** ist etwas schneller.
Es berühren nur zwei Beine
gleichzeitig den Boden.
Der **Galopp** ist die schnellste Gangart.
Das Pferd springt förmlich über den Boden.
In der Schwebephase sind alle Beine in der Luft.
Sie berühren den Boden nicht.

Die robusten Islandpferde beherrschen zwei zusätzliche Gangarten.

Unterschiedliche Arten zu reiten

Besondere Gangarten sind Pass und Tölt.
Diese beherrschen die Islandpferde.
Im Tölt können Pferd und Reiter
weite Strecken zurücklegen.
Pass ist noch schneller als Galopp.

Cowboys, die den ganzen Tag im Sattel saßen,
entwickelten eine entspannte Reitweise.
Das Pferd wird mit nur einer Hand gelenkt.

Beim Westernreiten muss das Pferd aus vollem Galopp abbremsen können.

Einfarbig oder bunt

Bei den Pferden gibt es
viele verschiedene Fellfarben.
Mähne, Schweif und Fell
haben nicht immer die gleiche Farbe.
Manche Pferde sind auch bunt gefleckt.

Als **Fuchs** bezeichnet man ein Pferd
mit rot- bis goldbraunem Fell.
Mähne und Schweif haben die gleiche Farbe
oder sind etwas heller.

Ein **Brauner** hat ein braunes Fell.
Es kann dunkelbraun, mittelbraun
oder hellbraun sein.
Mähne und Schweif sind dunkel.
Häufig haben sie weiße Abzeichen.

Rappen nennt man Pferde
mit schwarzem Fell.

Rappe

Weiße oder graue Pferde heißen **Schimmel**.
Es gibt auch Pferde mit geflecktem Fell.
Ein Apfelschimmel hat ein hellgraues Fell
mit dunkleren Flecken.
Sind auf dem weißen Fell
unterschiedlich große schwarze Tupfen,
ist das ein Tiger.
Ein Schecke ist bunt gefleckt wie eine Kuh.
Er hat braune, weiße oder schwarze Flecken.

Verschiedene Abzeichen

Neben ihrer Grundfarbe können Pferde
verschiedene Abzeichen tragen.
Das sind weiße Flecken
am Kopf oder an den Beinen.
An ihnen kann man ein Pferd
gut wiedererkennen.
Einige Abzeichen siehst du hier:

Laterne

Stern

Mehlmaul

Weiße Fessel

Ferdis Lesequiz

1 **Wie nennt man Pferde mit schwarzem Fell?**

a) Rappen
b) Schecken
c) Füchse

2 **Welche sind die drei Grundgangarten?**

a) Schritt, Trab und Galopp
b) Schritt, Pass und Galopp
c) Tölt, Trab und Galopp

3 **Wie groß war das Urpferd Eohippus ungefähr?**

a) So groß wie ein Löwe.
b) So groß wie eine Katze.
c) So groß wie ein Fuchs.

Lösung: 1a), 2a), 3c)

Die Welt
der Pferderassen

Die Entstehung der Rassen

Aus dem Urpferd Eohippus
entwickelte sich im Laufe der Jahrtausende
das sogenannte Wildpferd.
Es besaß Hufe, fraß Gras
und war fast schon so groß
wie unsere heutigen Pferde.

Das Przewalski-Pferd sieht dem Wildpferd von früher sehr ähnlich.

Die Wildpferde besiedelten die ganze Welt.
In den kalten Regionen wurde ihr Fell dicker,
um sie vor der Kälte zu schützen.
Auf lehmigem Boden bekamen die Pferde
allmählich starke und stämmige Beine.
In den heißen Wüstenländern
entwickelten sie eine schlanke, sportliche Figur.

So entstanden immer mehr Rassen,
die sich stark unterscheiden,
die aber alle vom Wildpferd abstammen.

Vier große Gruppen

Auf der Welt gibt es über 200 verschiedene
Pferde- und Ponyrassen.
Alle diese Rassen lassen sich
in vier große Gruppen einteilen:
Warmblut, Vollblut, Kaltblut und Pony.
Die Namen haben aber nichts
mit der Temperatur ihres Blutes zu tun.
Sie beziehen sich auf das Wesen des Tieres.

Ihre Dressurübungen zeigen Reiter und Pferd zu Musik.

Sportliche Warmblüter

Siehst du ein Pferd bei einem Springturnier
oder bei einem Ausritt,
ist es bestimmt ein Warmblut.
Sie sind sehr sportlich,
ausdauernd und leicht gebaut.
Zu den Warmblütern zählen zum Beispiel
die Rassen Hannoveraner, Westfale
und Bayerisches Warmblut.

Pferd und Reiter müssen sich gegenseitig vertrauen, um sicher über die Hindernisse zu kommen.

Pferde mit Wüstenblut

Vollblüter besitzen einen langen
und schlanken Körperbau.
Sie sind sehr schnell, ausdauernd und intelligent.
Ihre Vorfahren stammen vom Arabischen
oder Englischen Vollblut ab.

Gezüchtet wurden die Vollblüter
ursprünglich von Nomaden in der Wüste.
Sie nutzten die Pferde als Transportmittel
und auf langen Ritten.
Die Englischen Vollblüter wurden
vor allem für den Galoppsport gezüchtet.
Sie können in einem Rennen
bis zu 70 Kilometer pro Stunde schnell sein.

Vollblüter sind sehr schnelle Läufer.

Groß und stämmig

Kaltblüter sind wahre Riesen.
Sie haben lange und sehr kräftige Beine
und ein ruhiges, ausgeglichenes Wesen.
Früher wurden sie zur Arbeit auf dem Feld
oder im Wald eingesetzt.
Als es noch keine Traktoren gab,
zogen sie die schweren Maschinen
oder auch gefällte Baumstämme.

Puh, neben so einem Riesen fühle ich mich winzig!

Hast du gewusst ...

... dass das Shire Horse
das größte Pferd der Welt ist?
Dieser Kaltblüter kann eine Widerristhöhe
von über zwei Metern erreichen!
Das ist so hoch wie eine Tür.

Kaltblüter können das Zweifache ihres Körpergewichts ziehen.

Kaltblüter sind Arbeitstiere

Heute kommen sie immer dann zum Einsatz,
wenn es zum Beispiel im Wald
für Fahrzeuge und Maschinen zu eng ist.
Außerdem nutzt man Kaltblüter
als Zugtiere vor Kutschen.
Vielleicht hast du bei einem Festumzug
schon einmal einen Brauereiwagen gesehen?
Er wird meist von Kaltblütern gezogen.

An der belgischen Küste werden Kaltblüter
sogar zum Krabbenfischen eingesetzt.
Sie waten durchs Wasser
und ziehen ein Netz hinter sich her.

Die Pferde ziehen Netze
durch das Wasser,
um darin Krabben zu fangen.

Die intelligenten und freundlichen Ponys sind gute Gefährten.

Niedliche Zwerge

Ponys werden die Pferde genannt,
deren Stockmaß kleiner als 1,48 Meter ist.
Sie sind besonders bei Kindern sehr beliebt,
denn sie sind genügsam und sehr verlässlich.
Auf ihnen kann man gut reiten lernen.

Bei den Ponys findet man viele verschiedene Fellfarben.

Echter Rekordhalter

Das kleinste Pony der Welt
ist das Falabella-Pony.
Es wurde in Argentinien gezüchtet.
Es steckt sogar ein bisschen Vollblut in ihm!
Damals kreuzten die Züchter
das Shetlandpony
mit einem Englischen Vollblut.
Das kleinste Falabella, das vermessen wurde,
war nicht größer als 40 Zentimeter.

200 cm
180 cm
40 cm

Hast du gewusst ...

... dass alle Pferde den gleichen Körperbau haben?
Egal ob Shire Horse oder Falabella,
alle besitzen genau gleich viele Knochen.
Nur sind diese eben unterschiedlich groß.

Darf ich vorstellen?

Die Welt der Pferde ist bunt und vielseitig.
Hier siehst du eine Auswahl
an beliebten Pferde- und Ponyrassen.

Appaloosa

Appaloosa
Ursprung: Nordamerika
Stockmaß: 142–165 cm
Fellfarbe: alle

Appaloosas können viele verschiedene Fellmuster haben. Die Pferde mit den lustigen Punkten sind sehr gelehrig und geduldig.

Araber
Ursprung: Naher Osten
Stockmaß: größer als 150 cm
Fellfarbe: alle

Araber sind die älteste Pferderasse der Welt.
Sie sind sehr temperamentvoll und brauchen viel Bewegung.
Die schlanken und eleganten Tiere sind schnelle Läufer.

Araber

Brabanter
Ursprung: Belgien
Stockmaß: 162–172 cm
Fellfarbe: Braun- und Rotschimmel, Füchse

Dieses mächtige Kaltblut
stammt aus Belgien.
Sein Körperbau ist sehr kräftig und muskulös.
Die Tiere wurden früher
in der Landwirtschaft eingesetzt.

Camargue-Pferd
Ursprung: Frankreich
Stockmaß: 135–150 cm
Fellfarbe: Schimmel

Die robusten Ponys leben
in ihrer Heimat Südfrankreich
halbwild in Herden.
Das Fell des Fohlens ist braun
und wird mit der Zeit immer heller.

Dartmoor-Pony
Ursprung: Großbritannien
Stockmaß: 116–127 cm
Fellfarbe: meist Rappen und Braune

Diese Ponys mit dem dichten Fell
sind heute selten geworden.
Sie stammen
aus dem Südwesten Englands
und sind ausdauernd, zäh und genügsam.

Norwegisches Fjordpferd
Ursprung: Norwegen
Stockmaß: 135–150 cm
Fellfarbe: Falben

Auffälliges Merkmal der Ponys aus dem hohen Norden ist ihre zweifarbige Mähne, die meist kurz geschnitten wird.

Norwegisches Fjordpferd

Friese
Ursprung: Westfriesland
Stockmaß: 155–175 cm
Fellfarbe: Rappen

Das pechschwarze, glänzende Fell ist charakteristisch für diese Kaltblüter. Weil sie so edel und imposant aussehen, werden sie häufig in Pferdeshows gezeigt.

Friese

Haflinger
Ursprung: Südtirol
Stockmaß: 138–150 cm
Fellfarbe: Lichtfüchse

Die Füchse mit der hellen Mähne erkennt man auf den ersten Blick! Haflinger sind umgänglich und vielseitig – also ideale Familienponys.

Haflinger

Knabstrupper
Ursprung: Dänemark
Stockmaß: bis 160 cm
Fellfarbe: Tigerschecken

Ihr getupftes Fell macht diese Rasse unverwechselbar. Die Tigerschecken stammen aus Dänemark.

Knabstrupper

Lipizzaner
Ursprung: Slowenien
Stockmaß: 148–162 cm
Fellfarbe: Milch-Schimmel (häufig)

Die edlen Schimmel sind weltberühmt! Sie sind sowohl für die Dressur als auch als Fahrpferd geeignet.

Lipizzaner

Shire Horse
Ursprung: Großbritannien
Stockmaß: größer als 168 cm
Fellfarbe: Braune, Rappen, Schimmel

Ein echtes Schwergewicht und die größte Pferderasse weltweit. Das Kaltblut aus England ist als Reit- und Kutschpferd sehr beliebt.

Shire Horse

Esel gehören zu den ältesten Haustieren des Menschen.

Esel, Zebra und Co

Der Esel und das Zebra
sind ebenfalls mit dem Pferd verwandt.
Während das Zebra in freier Wildbahn lebt,
ist der Esel ein Nutztier.
Er wird als Arbeits- und Lastentier eingesetzt.

Da man größere Tiere erhalten wollte,
die besser zu reiten sind,
kreuzte man den Esel mit dem Pferd.
Paart man einen Eselhengst
und eine Pferdestute,
nennt man das Fohlen Maultier.
Ist die Mutter ein Esel und der Vater ein Pferd,
wird das Fohlen Maulesel genannt.

Hast du gut aufgepasst? Dann ran ans Lesequiz!

Ferdis Lesequiz

1 **Wie heißt die Gruppe der kräftigen Pferde?**

a) Warmblüter
b) Vollblüter
c) Kaltblüter

2 **Wofür werden Warmblüter oft eingesetzt?**

a) Sie sind Sport- und Freizeitpferde.
b) Sie arbeiten im Wald.
c) Sie werden als Lastentiere genutzt.

3 **Wie nennt man das Fohlen, wenn die Mutter ein Esel und der Vater ein Pferd ist?**

a) Maultier
b) Maulpferd
c) Maulesel

Lösung: 1c), 2a), 3c)

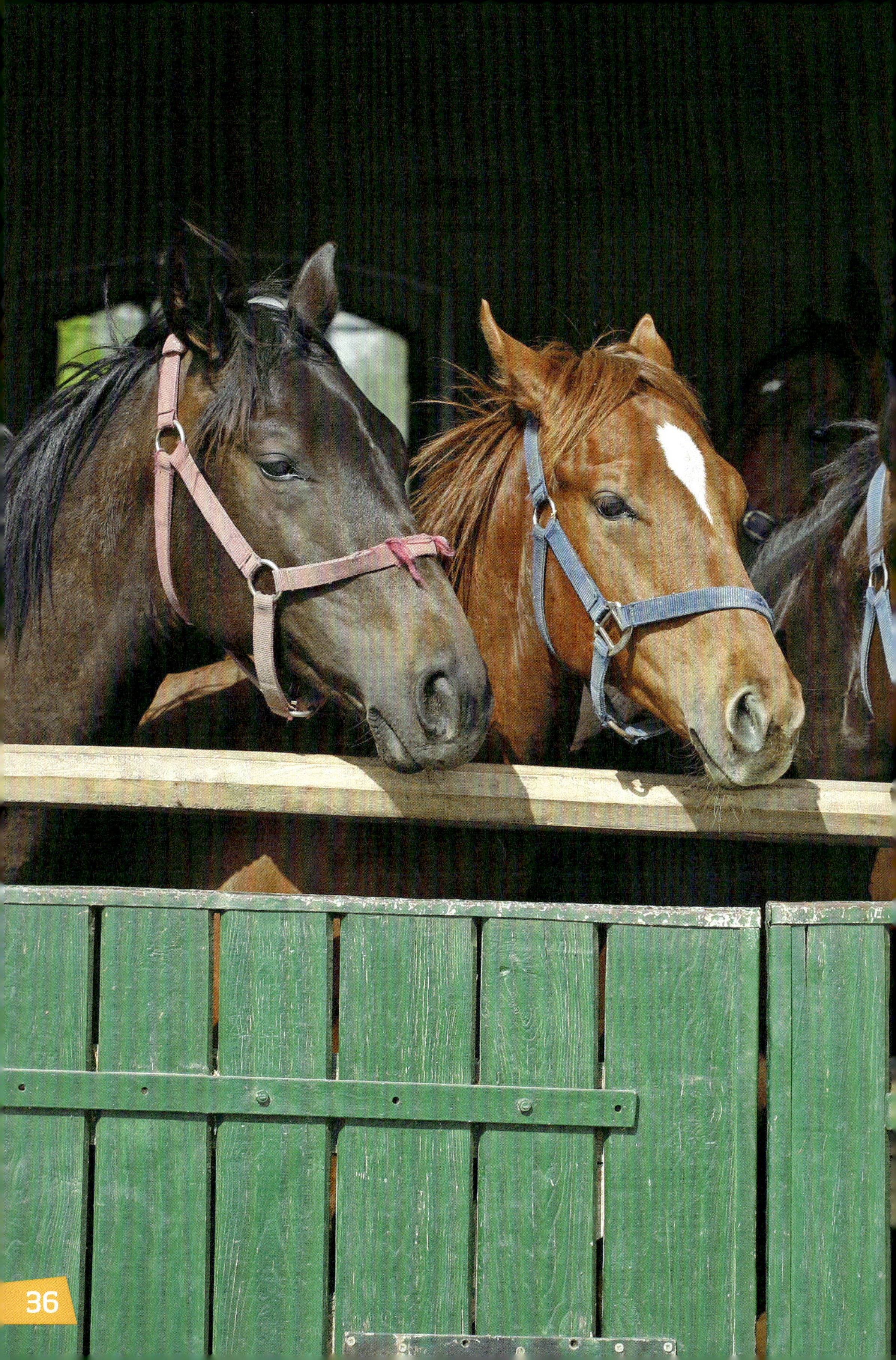

Das brauchen Pferde

Pferde bekommen drei- oder viermal am Tag eine große Portion Heu oder Stroh.

Pferde sind Pflanzenfresser

Sie fressen viel Heu, Gras oder Stroh.
Das nennt man auch Raufutter.
Tiere, die viel leisten müssen,
erhalten zusätzlich Kraftfutter.
Dazu zählen Hafer, Gerste, Müsli
und auch Pellets.
Pellets sind Körner,
für die mehrere Kraftfuttersorten
zusammengepresst wurden.
Als Leckerei gibt es mal eine Möhre,
einen Apfel oder getrocknetes Brot.

Ist das nicht lecker?

Pferde sind immer durstig

Pferde brauchen am Tag nicht nur viel Futter,
sondern auch jede Menge Wasser.
Deswegen findest du in jedem Stall
und auf jeder Weide einen Wassertrog.
Ein Tier trinkt täglich bis zu 70 Liter Wasser.

An einer Tränke können Pferde ihren Durst stillen.

Hast du gewusst ...

... dass Pferde fast den ganzen Tag fressen?
In der Natur fressen Pferde etwa 16 Stunden am Tag.
Raufutter muss immer verfügbar sein,
denn Pferde naschen gerne zwischendurch davon.

Die Fellpflege ist wichtig

Pferde müssen regelmäßig gepflegt werden.
Das Fell und ihre Haut sollen
möglichst täglich gebürstet werden.

Mit einem Striegel wird das Fell
zuerst von Staub und Dreck befreit.
Dabei bürstet man immer
vom Kopf aus nach hinten.
Mit der Kardätsche
wird das Fell glatt gestrichen.
Nach jedem Strich streift man die Kardätsche
über einen Metallstriegel.
So werden die losen Haare entfernt.
Die Pferde genießen diese Fellpflege sehr.

> Das Fell des Pferdes muss gründlich gepflegt werden.

Hufkratzer

Mit dem Hufkratzer wird der Huf von Sand und Steinchen gesäubert.

Kardätsche

Striegel

Einmal Hufe kratzen, bitte!

Auch die Hufe des Pferdes sollten täglich ausgekratzt und gesäubert werden.
Sonst können sich dort Steinchen festsetzen und zu einer Entzündung führen.
Damit das nicht passiert, werden die Hufe mit dem Hufkratzer gesäubert.

Mein Huf ist jetzt ganz sauber und glänzt!

Auch die Nüstern und die Augen müssen von Staub gesäubert werden.
Das geht gut mit einem feuchten Schwamm.
Damit wischt man vorsichtig über den Kopf.

> Auf der Weide können die Tiere den ganzen Tag Gras fressen.

Im Stall und auf der Weide

Pferde sind Herdentiere.
Sie sollten nie alleine gehalten werden,
denn sie brauchen ihre Artgenossen,
um sich wohlzufühlen.

Im Stall gibt es neben dem Heunetz,
dem Futtertrog und dem Wassertrog
oft auch einen Salzleckstein.
Wenn die Tiere viel schwitzen,
können sie über das Salz
wichtige Mineralstoffe aufnehmen.

Auf der Weide steht ein Futtertrog mit Heu.
Manche finden das komisch,
denn die Pferde haben genügend
Futter auf der Weide.
Aber die Tiere dürfen nicht
zu viel frisches Gras fressen.
Davon können sie krank werden.

Hof und Stall müssen regelmäßig gekehrt werden.

Natürlich ist es wichtig,
den Stall und die Weide sauber zu halten.
Die Pferdeäpfel und das dreckige Stroh
müssen regelmäßig entfernt werden.
Man nennt das Misten oder Ausmisten.

Auf der Weide muss man kontrollieren,
ob dort giftige Pflanzen wachsen.
Falls Pferde davon fressen,
können sie ernsthaft krank werden.

Achtung, das ist giftig für uns Pferde!

Jakobskreuzkraut

Fingerhut

43

Hoch zu Ross

Vor einem Ausritt muss man zuerst
Sattel und Zaumzeug anlegen.
Sie geben dem Reiter Halt
und erleichtern das Führen des Pferdes.

Sitzfläche
Die Sitzfläche des Sattels
muss angemessen sein.
Ist sie zu klein, sitzt der Reiter unbequem.
Ist sie zu groß, rutscht der Reiter.

Decke
Die Satteldecke wird
unter den Sattel gelegt.
Sie schützt das Pferd
vor Druckstellen.

Bandagen
Bandagen schützen die Pferdebeine
vor Verletzungen.

Zaumzeug

Das Zaumzeug wird über den Kopf gestülpt. Die Trense gehört in das Maul des Tieres. An den Seiten sind die Zügel zum Führen befestigt.

Zügel

Trense

Sattelgurt

Steigbügel

Die Steigbügel geben den Füßen des Reiters Halt.

Bereit für den Ausritt

Lege den Sattel
auf den Rücken des Pferdes.
Überprüfe, dass die Satteldecke
keine Falten hat.

Ziehe nun den Sattelgurt an
und schließe ihn.
Bevor du aufsteigst,
solltest du ihn nachziehen.

Nimm jetzt das Zaumzeug.
Stecke dem Pferd
die Trense in das Maul.
Ziehe dann das Genickstück
über die Ohren und schließe die Riemen.

Überprüfe noch einmal,
ob ein Gurt zu fest sitzt
oder nachgezogen werden muss.
Das Pferd soll sich wohlfühlen.
Jetzt ist dein Pferd startklar!

Hast du gut aufgepasst? Dann ran ans Lesequiz!

Ferdis Lesequiz

1 **Wie wird das Futter aus Stroh, Gras und Heu genannt?**

a) Raufutter
b) Grobfutter
c) Pflanzenfutter

2 **Warum werden die Hufe gesäubert?**

a) Damit sich die Hufe nicht entzünden.
b) Damit der Stall nicht dreckig wird.
c) Damit jeder die Hufeisen sehen kann.

3 **Wie heißt die Fußstütze am Sattel?**

a) Steigeisen
b) Steighilfe
c) Steigbügel

Lösung: 1a), 2a), 3c)

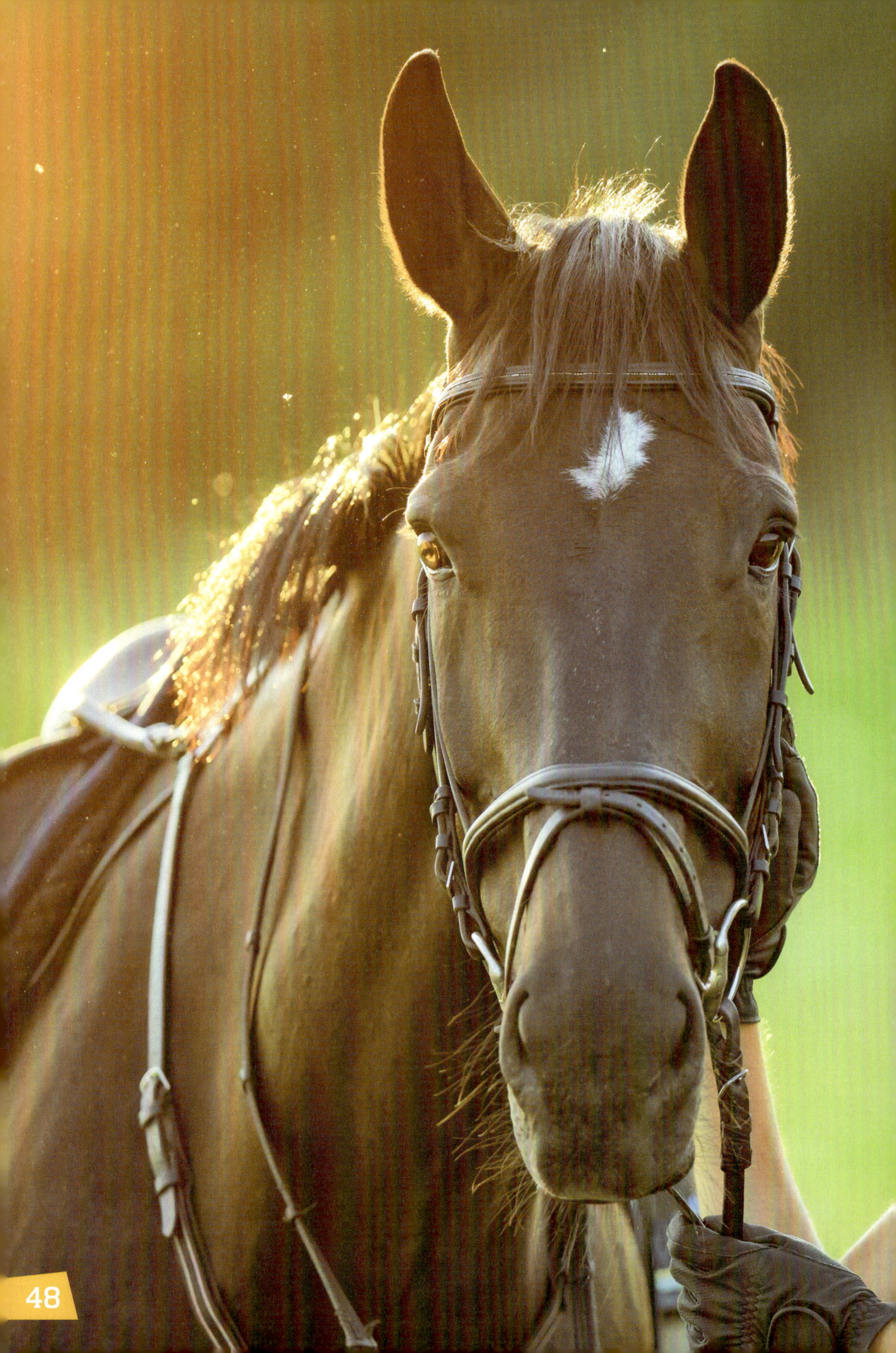

Pferde
als Gefährten

Das Springen über Hindernisse

Eine der bekanntesten Pferdesportarten
ist das Springreiten.

Dabei müssen Reiter und Pferd
Hindernisse überwinden,
die auf einem Kurs vorgegeben sind.
Keine Stange sollte herunterfallen.

Meist gewinnt derjenige,
der den Hinderniskurs in der kürzesten Zeit
und mit den wenigsten Fehlern beendet.
Für das Springreiten
muss man sicher im Sattel sitzen.
Und Mut erfordert es auch!

Springreiter trainieren viel
mit ihren Pferden.
So nehmen sie dem Tier die Angst
vor den verschiedenen Hindernissen.

Die Mähne wird bei Dressurturnieren besonders kunstvoll geflochten.

Das Dressurreiten

In der Dressur zeigen Reiter und Pferd
auf einem abgesteckten Viereck ihr Können.
Die Bewegungen des Pferdes
sehen leicht und mühelos aus,
aber sie sind das Ergebnis harter Arbeit.
Bei Turnieren werden zu Musik
verschiedene Übungen und Figuren vorgeführt,
die vorher festgelegt worden sind.

Anschließend werden die Figuren bewertet.
Wichtig ist nicht nur,
dass keine Fehler passiert sind.
Pferd und Reiter
sollen wie eine Einheit aussehen.
Damit das klappt,
müssen beide sehr lange miteinander trainieren.

Vielseitigkeit ist gefragt

Eine weitere Pferdesportart
ist die Vielseitigkeit.
Sie besteht aus drei Disziplinen:
Springreiten, Dressurreiten
und Geländeritt.
Beim Geländeritt müssen Hindernisse
in der Natur überwunden werden.

Pferde und Reiter, die diesen Sport betreiben,
sind wahre Könner.
Sie sind perfekt aufeinander abgestimmt
und beherrschen zahlreiche Aufgaben.

Beim Geländeritt
werden Bäche durchritten.
Ein Sprung über einen Baumstamm
ist für das Pferd kein Problem.

Die Turnerinnen zeigen beim Voltigieren ihr Können.

Akrobatik auf dem Pferd

Das Turnen auf dem Pferderücken
nennt man Voltigieren.
Dabei wird das Pferd
an einer langen Leine im Kreis geführt.
Ein oder mehrere Turner zeigen
akrobatische Kunststücke auf dem Pferd.
Sie müssen sich ganz und gar
auf das Pferd verlassen können.

Anfänger üben zunächst
auf dem stehenden Pferd oder im Schritt.
Geübte Turner zeigen ihre Kunststücke
auf dem galoppierenden Pferd.

Berufe rund ums Pferd

Die meisten Menschen, die reiten, verbringen viel Zeit mit ihrem Pferd. Einige haben ihre Liebe zu Pferden zu ihrem Beruf gemacht.

Tierarzt

Bei kleineren Verletzungen kommt der Tierarzt auf den Reiterhof. Er kennt sich mit Pferden sehr gut aus, impft sie gegen gefährliche Krankheiten und begleitet schwierige Geburten. Auch das Gebiss der Pferde untersucht er regelmäßig. Bei einer größeren Verletzung muss das Pferd in eine Tierklinik gebracht werden.

Das Pferd wird von der Tierärztin ganz genau untersucht.

Die Mutter kümmert sich liebevoll um ihr Fohlen.

Züchter

Die meisten Pferde
werden bei einem Züchter geboren.
Er versucht, bestimmte Eigenschaften
von Stute und Hengst
auf das Fohlen zu übertragen.
Damit das gelingt,
muss der Züchter viel über Pferde wissen.

Hast du gewusst ...

… dass auch ein Züchter Vorgaben beachten muss?

- Die Gesundheit der Tiere steht immer an erster Stelle.
- Für jede Pferderasse gibt es Zuchtziele. Größe, Fellfarbe und das Wesen der Tiere sind von ganz besonderer Wichtigkeit.

Reitlehrer

Der Reitlehrer bringt Kindern, Jugendlichen und auch Erwachsenen das Reiten bei.
Er wählt für die Schüler das geeignete Pferd und den passenden Sattel aus.
Schließlich sollen sich beide wohlfühlen.

Die Reitlehrerin führt das Pferd an einer langen Leine.

Pferdeflüsterer

Ein Pferdeflüsterer wird so genannt,
weil er die Pferdesprache versteht.
Durch einfache Bewegungen und Signale kommuniziert er mit dem Tier.
Er kann sehr gut mit Pferden umgehen und hilft Pferdebesitzern,
die Schwierigkeiten mit ihrem Tier haben.

Bei großer Hitze werden Pferde zur Erfrischung auch mal abgeduscht.

Pferdewirt

Ein Pferdewirt arbeitet meistens im Stall
und kümmert sich um das Futter
und das Wasser für die Tiere.
Er überprüft die Ausstattung des Stalls
und hält ihn sauber.
Auch für die Pflege der Tiere
ist er verantwortlich.

Hufschmied

Er stellt die Hufeisen her
und beschlägt die Hufe der Pferde.
Das ist wichtig, damit die Tiere
ihre Hufe im Gelände nicht verletzen.
Da die Hufe aus Horn bestehen,
tut den Pferden das Beschlagen nicht weh.

Hufeisen

Beschlagen

Sag mal, Ferdi ...

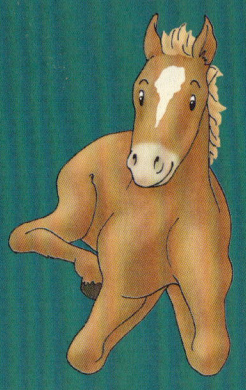

... was machst du eigentlich den ganzen Tag?

> Ich habe ein tolles Leben.
> Ich trinke Milch von meiner Mama
> und tobe mit den anderen Fohlen herum.
> Außerdem beobachte ich
> die anderen Pferde und lerne
> immer etwas Neues dazu.

Schlafen Pferde überhaupt mal?

> Na klar! Aber wir brauchen
> nicht so viel Schlaf wie ihr Menschen.
> Ein Pferd schläft etwa drei Stunden.
> Wir können sogar im Stehen schlafen!
> Nur selten legen wir uns zum Schlafen hin.
> So sind wir immer fluchtbereit
> und können bei Gefahr fliehen.

Was möchtest du später einmal werden?

Am liebsten wäre ich wie mein Papa!
Er ist ein erfolgreiches Dressurpferd.
Papa trainiert oft mit seinem Reiter
und muss sich viele Dinge merken.
Sobald aber die Musik ertönt,
ist er wie in einer anderen Welt.
Seine Bewegungen sehen sehr elegant aus.
Dressur will ich später auch einmal machen.

Gibt es ein Land, in das du reisen möchtest?

Ich möchte unbedingt mal in die Mongolei.
Das liegt in Asien.
Dort wurden Przewalski-Pferde ausgewildert.
Die würde ich gerne mal fragen,
wie das Leben in der Wildnis so ist.

Danke Ferdi! Und gute Reise!

Hast du gut aufgepasst? Dann ran ans Lesequiz!

Ferdis großes Lesequiz

1 Wie nennt man die Stelle am Rücken, an der das Stockmaß abgelesen wird?

a) Höhenmaß
b) Rückenpunkt
c) Widerrist

2 Wie funktionieren die Augen der Pferde?

a) Sie können nur direkt nach vorne sehen.
b) Sie bewegen sich unabhängig voneinander.
c) Beide Augen sehen nur zur Seite.

3 Wie nennt man diese Fellfarbe?

a) Schecke
b) Schimmel
c) Rappe

Lösung: 1c), 2b), 3a)

4 **Was können Pferde mit ihrer Haut wahrnehmen?**

a) Die Haut ist so dick, dass sie kaum etwas spüren.
b) Sie können nur an wenigen Stellen etwas fühlen.
c) Die Haut ist so empfindlich wie unsere Fingerspitzen.

5 **Was möchte dir dieses Pferd sagen?**

a) Ich habe Angst.
b) Ich möchte spielen.
c) Ich bin müde.

6 **Welche Gangart beherrschen nur die Islandpferde?**

a) Galopp
b) Tölt
c) Trab

Lösung: 4c), 5a), 6b)

7 **Wie nennt man die Gruppe von Pferden, die nur Vollblüter als Vorfahren haben?**

a) Warmblüter
b) Vollblüter
c) Kaltblüter

8 **Wie ist die Größe eines Ponys festgelegt?**

a) Stockmaß bis zu 1,28 Meter
b) Stockmaß bis zu 1,38 Meter
c) Stockmaß bis zu 1,48 Meter

9 **Wie viel Wasser trinkt ein Pferd täglich?**

a) etwa 50 Liter
b) bis zu 70 Liter
c) über 100 Liter

Lösung: 7b), 8c), 9b)

10 **Wie heißt dieses Gerät?**

a) Hufeisen
b) Hufkratzer
c) Huffeile

11 **Bei welcher Sportart wird an und auf dem Pferd geturnt?**

a) Voltigieren
b) Springreiten
c) Dressur

12 **Bei welcher Pferdesportart hört man Musik?**

a) Springreiten
b) Geländeritt
c) Dressur

Lösung: 10b), 11a), 12c)

Bildquellennachweis

Archiv Tessloff: 1, 2-3Hg., 7ur, 11or, 19o, 26ml, 35o, 38u, 41ur, 43ul, 47o, 58o, 60or; **Fotolia LLC:** 15ur (PROMA), 23um (Kaltblut: CallallooAlexis), 33ul (erna_p); **iStock:** 27u (horstgerlach); **Liv Lerch:** 40u (Fr.Acht), 56 (Fr.Acht); **Shutterstock:** 4-5Hg. (Zuzule), 6ul (Daniel Eskridge), 7or (thipjang), 8-9Hg. (Eric Isselee), 9um (eastern light photography), 10o (Arman Novic), 11u (CLAYTON ANDERSEN), 12ml (Fellpflege: Higstone), 12mm (Wohlfühlen: Zuzule), 12mr (Aufmerksamkeit: rokopix), 13ul (Angst: Sharon Morris), 13um (Drohung: mariait), 13ur (Austreten: SunnyMoon), 14ol (Willierossin), 15ol (gagarych), 16or (Olga_i), 16u (Brenda Bronkhorst), 17mm (Tiger: Makarova Viktoria), 17ul (Schecke: elliz), 17ur (Schimmel: Grigorita Ko), 18or (Laterne: John Raptosh), 18ml (Stern: Holly Miller-Pollack), 18mr (Mehlmaul: eastern light photography), 18um (Weiße Fessel: hipproductions), 20-21Hg. (shymar27), 22 (hofhauser), 23ul (Warmblut: Grigorita Ko), 23um (Vollblut: Tamara Didenko), 23ur (Pony: snapvision), 24o (horsemen), 24ul (horsemen), 25u (Mikhail Pogosov), 26mr (Melory), 28or (Melory), 28ml (jokerpro), 28mr (Alagz), 28um (Kwadrat), 29mr (Schatten Pferde: A7880S), 29mm (Mensch: Rawpixel.com), 30ol (mariait), 31ol (defotoberg), 31ur (Daniel Gale), 32mr (Tamara Didenko), 32ul (7Horses), 33ol (Olga_i), 33mr (Zuzule), 34o (Elisa Locci), 34ul (Jiri Prochazka), 34ur (Alexander Varbenov), 36-37Hg. (acceptphoto), 38o (Anastasija Popova), 39m (cc-images), 41ol (Sari ONeal), 41mm (Striegel: anakondasp), 41mr (Kardätsche: anakondasp), 42o (Sebastian Knight), 43o (Marie Charouzova), 43um (RukiMedia), 43ur (Sopha Changaroon), 44-45Hg. (Osetrik), 45mr (Jari Hindstroem), 46ol (Jari Hindstroem), 46ml (Jari Hindstroem), 46ur (Jari Hindstroem), 48-49Hg. (Jag_cz), 50 (pirita), 51 (pirita), 52ul (LeoBrogioni), 52ur, 53ol (Ventura), 53or (Ventura), 54 (wavebreakmedia), 55 (mariait), 57o (nullplus), 57um (Hufeisen: JP Chretien), 57ur (Beschlagen: JP Chretien), 60ur (Schecke: elliz), 61mr (Angst: Sharon Morris), 62mr (Melory), 63o (Sari ONeal); **Thinkstock:** 30ur (LOSHADENOK), 31mr (Meowgli), 32ol (GAPS); **Wikipedia:** 27o (CC BY-SA 3.0/dontworry)
Umschlagfotos: Shutterstock: U1 (Olga_i), U4 (JuliusKielaitis)

Text: Christina Braun
Lektorat: Inga Klingner
Illustrationen: Annelie Stenzel
Bildredaktion: Katja Filler
Gestaltung: Ruth Koch
Umschlaggestaltung: Ruth Koch

Copyright © 2019 TESSLOFF VERLAG,
Burgschmietstraße 2–4, 90419 Nürnberg
www.tessloff.com

Die Verbreitung dieses Buches oder von Teilen daraus durch Film, Funk oder Fernsehen, der Nachdruck, die fotomechanische Wiedergabe sowie die Einspeicherung in elektronische Systeme sind nur mit Genehmigung des Tessloff Verlages gestattet.

ISBN 978-3-7886-2644-0

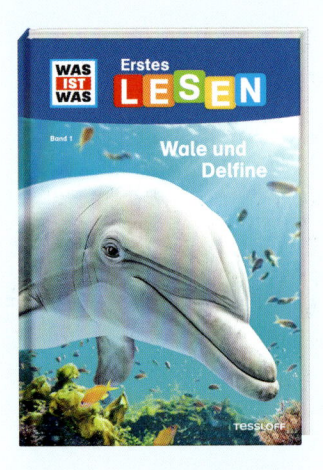

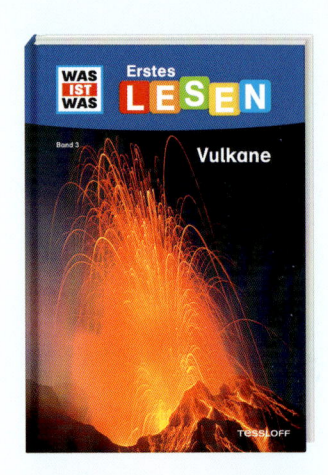

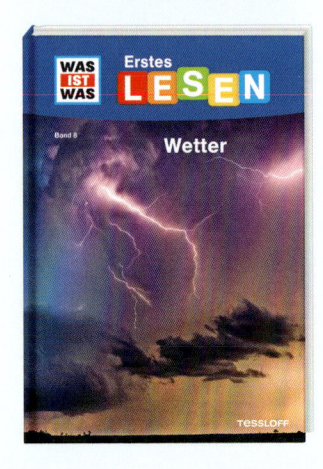

WAS IST WAS Erstes Lesen – Band 1: Wale und Delfine	WAS IST WAS Erstes Lesen – Band 2: Planeten	WAS IST WAS Erstes Lesen – Band 3: Vulkane
WAS IST WAS Erstes Lesen – Band 4: Natur entdecken	WAS IST WAS Erstes Lesen – Band 5: Bienen	WAS IST WAS Erstes Lesen – Band 6: Wald
WAS IST WAS Erstes Lesen – Band 7: Pferde und Ponys	WAS IST WAS Erstes Lesen – Band 8: Wetter	WAS IST WAS Erstes Lesen – Band 9: Polargebiete